Albrecht Christoph Kayser

Hollands Staatsverfassung bis zu ihrer Umänderung durch die Franzosen im Januar 1795

Mit Anmerkungen und zwei statistischen Tabellen ausgegeben

Albrecht Christoph Kayser

Hollands Staatsverfassung bis zu ihrer Umänderung durch die Franzosen im Januar 1795

Mit Anmerkungen und zwei statistischen Tabellen ausgegeben

ISBN/EAN: 9783742889867

Hergestellt in Europa, USA, Kanada, Australien, Japan

Cover: Foto ©ninafisch / pixelio.de

Manufactured and distributed by brebook publishing software (www.brebook.com)

Albrecht Christoph Kayser

Hollands Staatsverfassung bis zu ihrer Umänderung durch die Franzosen im Januar 1795

Hollands Staatsverfassung

bis zu ihrer Umänderung durch die Franzosen im Jänner 1795.

Aus
dem französischen Manuscripte
des Herrn
Maltheserritters von Bray
übersetzt.
Mit Anmerkungen und zwei statistischen Tabellen
herausgegeben
von
Albrecht Christoph Kayser,
Hochfürstl. Thurn und Taxischem Hofrath
und Bibliothekar.

Hof,
bey Gottfried Adolph Grau
1795.

An

des

Herrn von Bray

Ritter des hohen Maltheserordens ꝛc,

Hochwohlgebohrn,

Hochwohlgebohrner
Gnädiger Herr.

Ew. Hochwohlgebohrn haben die Güte gehabt, mir einen Theil der interessanten Nachrichten, die Sie auf Ihrer Reise nach England im Jahr 1793 sammleten, mitzutheilen. Erlauben Sie, Ihnen für die Erfüllung meiner Bitte hier öffentlich Dank zu sagen, und zugleich zu bedauern, daß Ihre Bescheidenheit nicht erlaubte, mir mehr als dieses Fragment aus Ihrer Brieftasche zu gewähren. Ganz gewiß enthält sie, bei Ihrem Geiste, Ihren Kenntnissen

Warum ich meiner Ueberſetzung hie und da kleine Noten hinzufügte, werden Sie aus dem Gehalte derſelben erkennen. Sie ſind für die unkundigern Leſer beſtimmt. Die zwei angehängten Tabellen hielt ich in dem gegenwärtigen Zeitpunkte für nützlich. Gerne hätte ich ſie wichtiger gemacht, allein es fehlte mir hiezu an Hülfsquellen; doch hoffe ich, daß ſie einige Dienſte leiſten werden.

Ich habe in der Auffſchrift Ihres Schreibens den Namen der erhabenen Fürſtin, welcher es zunächſt beſtimmt war, beibehalten. Ich hoffe deshalb auf Verzeihung.

Wer giebt dem Publiko nicht gerne einen Beweiß an die Hand, wie eine ſo edle Fürstin Ihre müßigen Augenblicke durch Bereicherung solider Kenntnisse so schön auszufüllen gewohnt ist! Ueber die öffentliche Bekanntmachung des Schreibens selbst, das Sie als Ihr Eigenthum betrachten kann, dürfen wohl weder Ew. Hochwohlgebohrn noch ich uns Vergebung erbitten. Wir wissen ja, daß jede Sache bei dieser gütigen Fürstin dadurch einen noch höhern Werth erhält, wenn sie gemeinnütziger wird.

Uebrigens schätze ich mich glücklich, eine Veranlassung zu haben, Ew. Hochwohlgebohrnen für das gnädige Wohlwollen, das Sie mir bisher schenkten, meinen innigsten Dank abstatten, und Sie von der ausgezeichnetsten

Hochachtung versichern zu können, mit
der ich es mir zeitlebens zur Ehre rech-
nen werde, mich zu nennen.

Ew. Hochwohlgebohrnen

Regensburg
den 25. Hornung
1795.

verpflichteten
Kayser.

Vorbericht
des Herrn Verfassers.

Die Schnelligkeit, womit die Franzosen Holland erobert haben, macht es mehr als wahrscheinlich, daß dieser Freistaat in kurzem seine Regierungsform ganz verändert sehen wird. Vielleicht ist es in diesem kritischen Zeitpunkte, worinnen die Blicke aller denkenden Menschen auf die verschiedenen gesellschaftlichen Staatsbande gerichtet sind, nicht ohne Nutzen, einen gedrängten und genauen Abriß von Hollands Constituzion, so wie dieselbe vor dem so eben erlittenen vernichtenden Streiche war, dem Publiko vor Augen zu legen. Kein grösseres oder kleineres Werk hat diese Constituzion bis jetzt noch vollständig dargestellt; selbst in Holland findet sich kein gedrucktes Staatsgrundgesezbuch. Man mußte das Ganze aus den verschiedenen einzelnen Verfügungen und Akten zusammentragen, welche von den häufigen Revoluzionen, denen dieß Land ausgesetzt war, veranlaßt worden sind.

Dem Philosophen und Historiker ist übrigens der Gedanke gewiß nicht ganz gleichgültig, daß ein Volk, welches 92. Jahre lang mit der mächtigsten Monarchie, die jemals bestand, um seine Freiheit kämpfte und sie endlich ersiegte — daß es diese Frucht seiner Anstrengungen in einem einzigen Winter von einer Nazion vernichtet sah, die mitten unter den äußersten Bemühungen für die Erhaltung ihrer Freiheit schon diejenige anderer Völker verschlungen hat oder derselben noch den Umsturz drohet.

Zweiter Brief*
An die Durchlauchtigste Frau Erbprinzessinn von Thurn und Taxis.

London 18 März 1792.

Von Hollands Constitution und dem Ursprunge derselben.

Vorläufige Bemerkungen.

Madame!

Zu einer Zeit, in welcher man sich mit den Regierungsformen gerade so beschäftiget,

*) Der Innhalt des ersten Briefes ist in den

als ob alle diejenigen, die vor uns exiſtirten, eitel Irrthum geweſen wären, und als wenn von all den Völkern, die den Erdboden der Reihe nach beherrſchten, von all den Nationen, welche die Hand der Jahrhunderte in den Abgrund der Vergangenheit aufgethürmt, keine einzige von guten Geſetzen beherrſcht oder von richtigen Grundſätzen geſellſchaftlicher Verhältniſſe geleitet worden wäre — in einem ſolchen Zeitpunkte iſt es für Ew. Durchlaucht intereſſanter als jemals, jene alte Staatsverfaſſungen kennen zu lernen, und ſie mit den Reſultaten der neuern Staatsgeſetzgebung und den Erfindungen der in unſeren Tagen ſich entwickelnden Reformationsphiloſophie vergleichen zu können.

Folgenden verwebt worden, ſo daß dieſer als

Nichts ist geschwinder gesagt, als: „all das taugt nichts; all das ist abge„schmackt; die Einrichtungen der Vorzeit „sind Früchte eines barbarischen Zeital„ters. Erst der jetzigen Generation fieng das „Zeitalter des Menschenverstandes, zu leuchten „an. Ueberlaßt euch uns und besonders „wählt uns zu euern Gebiethern. Ihr sollt „alsdann etwas ganz Anderes sehen. Die „daraus entstehenden Uebel müssen euch nicht „Wunder nehmen, noch viel weniger ab„schrecken. Jede Revoluzion hat ein Ge„folge von Leiden; das geht aber vorüber „und die Welt wird glücklich seyn;„ . . . . wenn — wir nicht mehr sind! So ein kleiner Grad von Egoismus möchte wohl noch der ganzen Maße einer Generation erlaubt seyn, denn es ist in der Moral besonders etwas seltenes, daß irgend etwas das Gegentheil selbst erzeugt. Geſetze, welche eine ganze Generazion unglücklich machten, laſſen im Gedächtniſſe der Kinder das Unglück ihrer Eltern zurück. Die erſten Laute, die das Ohr der Kinder aufnimmt, ſind Klagen der Eltern, und wie iſts möglich, daß ſie Glück aus einer Quelle ſchöpfen können, die von einer Erinnerung ſolcher Art vergiftet iſt? Ich wiederhole es noch einmal: Egoismus iſt in ſtaatsgeſellſchaftlichen Verbindungen erlaubt. Anſtatt ihnen die Triebräder zu der Glükſeligkeit, deren ſie genieſſen, zu rauben, iſt dieſer Genuß vielmehr ein ergiebiger Saame für die Nachkommenſchaft zu neuen ſich entwickelnden Blüthen.

Man muß ſich erſtlich nicht einbilden, eine Conſtituzion laſſe ſich wie eine Bildhauerarbeit aus einem ganzen Stücke herausarbeiten, oder auf einen Guß gieſſen.

Nur in Frankreich fand ein solcher Gedanke Anhänger. So etwas ist abgeschmackt, denn, um eine Constituzion dieser Art zu entwerfen, müßte man von allem, was vorhergegangen ist, eine unmögliche Abstraktion machen; und doch können die Menschen eine seyn sollende Sache nur nach einer schon gewesenen beurtheilen. Vom Unbekannten läßt sich nicht aufs Unbekannte losarbeiten.

Man hat Grundsätze, Analogien nöthig, die sich auf schon gefühlte Bedürfnisse und auf Berechnungen einer von der Erfahrung allein anzugebenden Wahrscheinlichkeit gründen. Menschen, welche eine Constituzion für sich entwerfen, müssen schon vorher in diesem oder jenem gesellschaftlichen Verein mit einander gestanden haben. — Welcher Art auch ihre Bande seyn mögen, sie hatten doch vorhergehende Verhältnisse, denn ohne diese, wie hätten sich jene Bande verschlingen können? Es giebt also immer, ewige, unwandelbare Grundpfeiler und Verhältnisse des Vergangenen zum Zukünftigen, die sich zu keiner Zeit ändern. Diese Verhältnisse verbiethen alle gewaltsame Umwälzungen unter Androhung des grausamsten Elendes.

Die Generazionen bilden eine lange Kette, deren einzelne Ringe verschieden geformt werden können; inzwischen müssen sie sich doch immer wieder in die vorhergehenden einhängen, sonst stürzen sie von dem festen Grundpfeiler, von dem die Zeitfolge ausgeht und an den sie bevestiget ist, in einen Abgrund von nicht zu berechnenden Irrthümern und Uebeln hinab. — Nur eine beklagenswürdige Verblendung konnte die neueren Gesetzgebenden Corps von diesen ewigen Grundwahrheiten der Vernunft abführen. Sie rissen sich von dem Theile der Menschheit, den das Schicksal vor ihnen leben ließ, los, und darum sind ihnen nun die von unsern Vorfahren so theuer bezahlte Lehren — unnütz geworden. Doch ich habe mit Ihnen von den Formen einer Regierung zu sprechen, die auf andern Grundsätzen beruht. Ich übergehe die Unvollkommenheiten oder Vortheile derselben. Ich will nur ein getreues Bild entwerfen. Sie werden die Verhältniße zu den Zügen der Weisheit und des Irrthums aufzufinden nicht verfehlen.

Kurze Schilderung des Zustandes der vereinigten Niederlande vor dem Jahre 1560.

Man hat wiederholt gesagt: Uebermaas von Unglück sey bei den Nazionen die Quelle der Staatsumwälzungen. Diese Meinung ist falsch. Nicht sowol Druck und Unterjochung sondern vielmehr gewaltsamer Eingriff in einige ihrer Gewohnheiten oder ihrer Lieblinsprivilegien bringt die Menschen dahin, ein ihnen peinliches Joch abzuschütteln. Nazionen, welche eine Revoluzion beginnen, sind auf dem Wege der Freiheit schon sehr weit vorgerückt. Sie sind es vielleicht schon zuviel, denn ein Schritt dieser Art setzt entweder eine Energie oder eine Ungebundenheit voraus, derglei-

gentlich keine von beiden mit einer despotischen Regierungsform vereinbaren läßt.

Holland war reich und mächtig als es gegen Philipp die Waffen ergriff. Lächerlich ist das Bild, das der philosophische Geschichtschreiber Raynal von den Batavern entwirft, wenn er sagt: „Vom eisernen „Scepter zu Boden gedrückt, erhoben sie „das Haupt aus ihren Sumpfgewässern, „um über ihre vom Bedürfniß in ergiebigen „Ertrag verwandelte Meere zu herrschen, „und giengen aus dem Nichts hervor, um „überall Leben und Thätigkeit zu verbreiten." Lächerlich ist dieß Bild, weil es falsch ist. Schon zu Carl des Grossen Zeiten waren Frieslands Manufakturen berühmt und lieferten den Armeen dieses Kaisers Tücher; aber, ohne so weit zurückzugehen, sehen wir die vereinigten Niederlande im funfzehnten

Jahrhunderte, nämlich im Jahre 1449, eine Flotte vor Bordeaux schicken, im Jahre 1470, nachdem sie die Hanseestädte geschlagen, den Engländern und Franzosen 10 ihrer größten Schiffe wegnehmen. Einzelne oder verbundene Städte machen beträchtliche Kriegsrüstungen, schützen ihren Fischfang, bedrohen Dännemark und verschaffen ihrer Flagge allenthalben Achtung.

Unternehmungen solcher Art verriethen grosse Kräfte, und bedurfte man deren nicht in der That sehr beträchtliche, um gleich im Anfange der Revoluzion die Spanische Seemacht mit Erfolg schlagen zu können. Spanien war doch damals die mächtigste Monarchie der Welt und die Flotten derselben beherrschten die zwei Hemisphären, dem ungeachtet hatten sich die Holländer schon im Jahre 1607 eines grossen Theils der Spanischen und Portugiesischen Niederlassungen in Indien bemächtiget. Thatsachen dieser Art beweisen die Stärke ihrer Urheber und die Richtigkeit meiner Behauptung sattsam. *)

Geschichte und Veranlassung der Revoluzion.

Von den Souverains der Niederlande.

Holland und alle niederländische Provinzen hatten ihre besonderen Souverains und Privilegien. Letztere waren sehr ausge-

*) siehe Richesse de la Hollande von Luzac Tom. I.
A. d. U.

dehnt, und der größte Theil ihrer Beherrscher handelte gerecht und gemäßigt. Sie gehörten dem Hause Burgund. Der erste Stamm der Herzoge von Burgund starb im Jahre 1362. nach einer mehr als dreihundertjährigen Dauer aus, und war ein Zweig Roberts, Königs von Frankreich. Der Zweite, welcher von Johann dem Guten einem unserer Könige herkam, endigte sich mit dem vor Nancy im Jahr 1477. getödteten Karl dem Kühnen. Karl hinterließ bloß eine Tochter, Namens Marie, die sich mit dem Erzherzoge Maximilian vermählte und dadurch dem Hause Oesterreich all die nahmhaften Burgundschen Domainen, bis auf das Herzogthum dieses Nahmens zubrachte. Lezteres vereinigte Ludwig XI. unter dem Vorwande, daß es ein männliches Lehen sey, mit Frankreich, und es ist, ungeachtet der wiederholten Ansprüche Spaniens, seitdem nicht mehr davon getrennt worden. Kaiser Maximilian war also der erste aus dem Hause Oesterreich, der zugleich als Souverain die Niederlande beherrschte. Die Herzogin Maria starb im Jahr 1482. Nach Maximilians Tode trat Karl V. — der Stammvater der im Jahr 1700. durch den Tod des letzten Spanischen Königs aus dem Hause Oesterrrich, Karls II. erloschenen Castilianischen Linie — ein Sohn Philipps, in alle ihre Rechte. Dieser berühmte Monarch errichtete im Jahre 1531. die Constituzion der Niederlande auf eben die Grundpfeiler, welche bis izt bestanden, deren Fortdauer den Belgiern so theuer ist, und die ihnen schon so manche edelmüthige Anstrengung gekostet hat.

Karl V. that in einer den 25. Octob.

1555. auf dem Schlosse zu Brüssel gehaltenen feierlichen Versammlung der Stände auf die Herrschaft der 17. vereinigten Provinzen und der Franche-Comté zu Gunsten seines Sohnes Philipp II. Verzicht, Eben so entsagte er im folgenden Jahre zum Besten Philipps der Spanischen und für seinen Bruder Ferdinand I. der Kaiserkrone. Lezterer im Jahre 1531 schon zum Römischen Könige erwählt, war der Stifter der Oesterreichischen Linie, die mit Karl VI. Tod ausging, Endlich starb Karl V. in Estremadura im Kloster St. Just den 21. September 1558, im 59sten Jahre seines Alters. Bald nach dem Frieden zu Chatrau-Cambresis im Jahr 1559. versammelte Philipp II. die Stände der Niederlande zu Gent, nahm von ihnen Abschied, und schifte sich in Seeland nach Spanien ein. Von dieser Epoche m., läßt sich der Ursprung des Unglücks der Niederlande datiren.*)

Unmittelbare Ursache der Revolution.

1.

Eine zu ausgezeichnete Begünstigung der Katholiken, und eine unleidliche Strenge gegen die Protestanten brachten den Empörungsgeist zur Gährung, der sich bald hernach offenbarte. Die Grossen lehnten sich gegen den Kardinal Granvella, den vorherigen Bischof von Arras, auf. Sie verlangten seine Entfernung, die zwar im

*) S. Memoires histoir. et polit. des Pays-Bas autrichiens par le Comte de Neny, auch hist. de Charle V.

A. d. U.

Jahre 1564 bewilligt wurde, aber die Gemüther nicht mehr besänftigte. Da man die Edikte gegen die Sektirer mit vieler Strenge vollzog, so kam es darüber in mehrern Provinzen zu Thätlichkeiten. Bei dieser Gelegenheit schickte Philipp zur Stillung der Unruhen den berüchtigten Herzog Alba an der Spitze einer aus Spaniern und Italienern bestehenden Armee nach den Niederlanden.

Alba wurde, an Margarethens von Oesterreich Herzogin von Parma *) und einer natürlichen Tochter Karl V. Stelle, Gouverneur und zeigte in diesen unglücklichen Provinzen die ganze Grausamkeit seines eben so verwilderten als hochmüthigen Charakters. Er begann damit, daß er den Grafen Egmont, den nämlichen, der im Jahr

*) Herzogs Ottavio von Parma Gemahlin.
A. d. Ueb.

Jahr 1569 für Spanien die Lorbeern zu St. Quentin und Grevelingen eingeärndet hatte. — und den Grafen Hoorne auf dem Hauptplatze zu Brüssel enthaupten ließ. Auch wollte er das Volk mit neuen Abgaben belegen. Dieß empörte vollends. Die Stände verweigerten die Regiſtrirung. Der Herzog ließ ſie mit eigenmächtigem Alleinherrſchers Despotismus im Jahr 1571. vornehmen. Nun brach das Gewitter von allen Seiten aus. Unter all den Großen in dieſen Provinzen war der Prinz von Oranien am geſchickteſten zur Leitung deſſelben. Anfänglich handelte er verſteckt, aber als die Lique der Geuſen *) aus einander ge-

---

*) So nannte man ſpottweiſe von dem franzöſiſchen Worte Geceux, einige hundert Adeliche, die ſich zur Abſtellung der Mißbräuche verbanden, aber nichts ausrichteten. Sie rechneten ſich dieſen Schimpfnamen zur Ehre, nannten ſich ſelbſt ſo, ließen goldne Münzen

B

trieben war, sah er wohl, halbe Mittel seyen gegen Spanien nicht hinreichend und nur ein allgemeiner Aufstand sey ersprießlich. Philipp erstaunte Anfangs darüber. Er rief im Jahr 1573. den Herzog Alba zurück und sandte Ludwig von Zuniga und Requesens an dessen Stelle. Dieß war ein sanfter aber schwacher Mann. Nach langwierigen Conferenzen wurde endlich im Jahr 1577 Don Johann von Austria als Gouverneur anerkannt. Kaiser Rudolph spielte dabei die Rolle des Vermittlers.

mit dem Bildniß des Königs und einem Bettelsacke nebst der Aufschrift: **dem Könige getreu bis zum Bettelsacke** prägen, und trugen sie um den Hals, auch nahmen sie noch andere Merkmale von Bettlern an. Diejenigen, welche gegen die Spanier zur See Krieg führten, wurden **Wassergeusen** genannt.

A. d. Ueb.

Indessen verdoppelte Wilhelm, der seit 12 Jahren alle mögliche Schulen des unbeständigen Glückes durchgelaufen war, seine Bemühungen, sich seinem, ihm in den Weg gekommenen fürchterlichen Gegner zu widersetzen. Er zog vorzüglich die Provinzen Holland und Utrecht in sein Interesse, unterhielt das Mißtrauen gegen Don Johann und fachte die Uneinigkeiten in denjenigen Provinzen an, welche Philipp II. noch treu geblieben waren.

Wilhelm, der sich oft aller Hülfsmittel beraubt sah, fand deren immer wieder neue in seinem Muthe und seiner Beharrlichkeit. Die Protestanten in Frankreich und die Königin Elisabeth unterstüzten ihn. Nachdem er alle seine Güter und Reichthümer aufgeopfert hatte, könnte er doch dem Zauber der Alleinherrschaft, die die Ehrsucht seinen

Augen seit 1572 vorblendete, nicht widerstehn. Er trug beständig darauf an, sich zum Herrn der Länder, die seine unerschrockne Standhaftigkeit Spaniens Joche entrissen hatte, aufzuwerfen. Unruhig über sein Vorhaben kamen ihm die Grossen der zehn Provinzen zuvor und machten zu Gent Friede. Jezt beschränkte sich seine Hoffnung. Vielleicht wäre er auch nach manchen oft glücklichen Versuchen doch noch zur Souveränität über Holland, Seeland, Utrecht u. s. w. gelangt, hätte die Hand eines von Philipp verleiteten Meuchelmörders im Jahr 1584 zu Delft diesen Helden nicht getödet. *)

*) Philipp ließ im Jahr 1580. ein Proscriptionsedikt, datirt Mastricht den 15. März gegen den Prinzen von Oranien ergehen. Er versprach demjenigen, der den Prinzen tödten würde, 25000. Sonnenthaler und den Adels-

Jene berühmte Akte, die die Grundlage der Conſtituzion der vereinigten Niederlande iſt, die Utrechter Union, war ſchon den 23 Jänner 1579 zwiſchen den Provinzen Holland, Seeland, Geldern, Friesland, Oberyßel, Utrecht und Gröningen geſchloſſen worden. Gent, Brügges, Antwerpen, Ypern traten zwar auch dieſer von dem Prinzen von Oranien zu Stande gebrachten Union bey, aber der Prinz von Parma, Alexander Farneſe, der Don Johann von Auſtria in der Statthalterſchaft gefolgt war, führte dieſe Städte und die übrigen Provinzen vermittelſt eines

Brief. Balthaſar Gerard verdiente ſich im Jahr 1584. dieſen ehrloſen Lohn, aber er wurde ergriffen und geviertheilt. Philipp ſchenkte ſeinen Erben die Herrſchaften Lievremont und Dammartin in der Franche-Comte und trug auch noch dem Prinzen von Parma im Jahr 1590 auf, ihnen 2000. Fl. auszuzahlen.

A. d. V.

im nämlichen Jahre zu Arras geschlossenen Vertrags unter die Spanische Bothmäßigkeit zurück, worunter sie auch immer verblieben. Von itzt an ist nur noch von den sieben Unionsprovinzen die Rede. Die vereinten Provinzen erklärten hingegen zu Antwerpen im Jahr 1581 den König von Spanien der Oberherrschaft für verlustig, und übertrugen selbige dem Herzoge von Anjou,*) den sie aber im Jahr 1583 wegen Verletzung ihrer Privilegien wieder vertrieben.

Nach dem Tode des Prinzen von Oranien beseitigten die vorzüglich von Barneveld geleiteten Staaten den Grafen Leicester, den die ehrsüchtige Elisabeth mehr in der Ab-

---

*) König Heinrichs II. von Frankreich Bruder.

A. d. Ueb.

sicht, Holland von ihr abhängig zu machen, als es zu schützen dahin gesendet hatte. Sie übertrugen Moritz Wilhelms Sohn all die Würden, die sein Vater bekleidete. Moritz und Barneveld handelten lange Zeit einverstanden, aber Ersterer konnte es Barneveld nie vergeben, Heinrich IV. Könige in Frankreich,*) einen üblen Eindruck gegen ihn beigebracht zu haben.

Von dieser Zeit an schwur er ihm einen ewigen Haß, und ließ ihn, nachdem er Mittel gefunden hatte, ihn in Glaubensstreitigkeiten **) zu verwickeln, zum Tode

---

*) Siehe Lettres d'Estrades. T. I.

A. d. Ü.

**) In diejenigen zwischen den Arminianern und Gomaristen oder den Remonstranten und Contraremonstranten über die Gnadenwahl oder die Lehre von der allgemeinen und besondern

verurtheilen. Das Urtheil wurde im Jahr 1618. vollzogen. Einige sahen diesen Tod für einen Märtyrertod an, Andere glaubten, die Hand der Gerechtigkeit darinnen zu sehen; wenn anders in einem solchen Falle Ehrsucht mit der Gerechtigkeitspflege sich vereinbaren! *)

Gnade. Barnevelb erklärte sich für die Duldung der Arminianer. Moritz unterstützte aus Politik die der Gomaristen, und erlangte durch die allgemeine Kirchenversammlung zu Dortrecht die Unterdrückung der Arminianer.

*) Barnevelb war ein Mann von großem Charakter und großen Tugenden. Man hat seine Geschichte als Stoff zu verschiedenen Theaterstücken benützt; unter andern that es Lemierre, in dessen Trauerspiel Barnevelb seinem Freunde, der in ihn dringt, sich selbst das Leben zu nehmen, um der Todesstrafe zu entgehen, die bekannte schöne Antwort giebt. Sein Freund sagte nämlich: Cato warf sich dem Tod in die Arme (Caton se la

Moritz kämpfte gegen Spanien mit einem unbezwinglichen Muthe. Der Prinz von Parma starb im Jahr 1592. Im Jahr 1598. wurde Cardinal Albert *) zum Gouverneur der Niederlande ernannt. Heinrich IV., welcher Moritzen unterstützt hatte, machte mit Philipp zu Vervins **) Frieden. Letzterer endigte sein Leben noch im September dieses Jahres. Er hatte im Monate May dem Cardinal Albert die Souveränität über die Niederlande abgetreten, und Letzterer sich mit der Infantin Isabella ***) un-

donna) Barneveld antwortete: Sokrates erwartete ihn. (Socrate l'attendit.)

*) Ein Bruder Kaiser Rudolphs II.

**) Im Jahre 1598.

***) Tochter Philipps II.

ter der Bedingung vermählt, daß im Fall sie ohne Kinder verstürben, (welches auch geschah) das Spanische Haus in alle seine Rechte eintreten sollte. Philipp behielt sich die Grosmeisterwürde des Ordens vom goldnen Vließe bevor. Der Krieg dauerte während der Regierung Alberts und Isabellens fort. Spinola zeichnete sich in demselben durch seine Thaten aus. Erst im Jahr 1609. machte der durch Frankreichs Vermittelung im Haag geschlossene *) Waffenstillstand auf eine Zeitlang dem Blutvergießen ein Ende. Die vereinigten Provinzen wurden in diesem Vertrage als Freistaaten anerkannt. Indessen begannen im Jahre 1621. die Feindseligkeiten aufs neue. Spinola wurde im Jahr, 1625. zurückberufen. Seine Entfernung änderte das Kriegsglück. Moritz starb zwar im April des nämlichen

*) Zwölfjährige.   A. d. U.

Jahres, aber die vereinigten Niederländer machten darum nicht minder schnelle und glückliche Vorschritte. Moritzen war, nach seinem Tode, sein Bruder Friedrich Wilhelm unmittelbar in der Statthalterwürde gefolgt. Als endlich Frankreich den Krieg gegen Spanien erklärt und mit Holland ein Bündniß errichtet hatte, schloß Spanien, nach verschiedenen Ereignissen, die seine Macht nach und nach und auf einmal zu Boden gedrückt — nach der Empörung in Catalonien, der Revoluzion in Portugal im Jahre 1640. und den Siegen des grossen Condé zu Rocroy und Lens —, endlich zu Münster den 30. Jänner 1648. unter der Statthalterschaft Wilhelms, des zweiten Sohnes Friedrich Heinrichs, mit Holland einen Separatfrieden. *)

*) Philipp IV. mußte in diesem Frieden nicht nur die vereinigten Niederlande für einen freien unab-

So erlangten die vereinigten Niederlande unter dem Könige von Spanien Philipp IV. ihre völlige Unabhängigkeit nach einem 92jährigen Kriege, und so manchen inneren Gefahren, denen sie durch die ehrgeitzigen Versuche der Statthalter ausgesezt waren. Ich halte mich jezt nicht länger bei der Geschichte von Holland auf, das im ersten Augenblicke seiner Unabhängigkeit Frankreich, welches sie ihm verschafte, untreu wurde, und als man es im Jahr 1672 in den Krieg gegen Ludwig XIV. verwikkelte, eben so undankbar gegen Spanien handelte, das ihm damals gegen diesen Monarchen Beistand geleistet hatte, und am Ende das Opfer seines unanständigen Betragens geworden ist.

hängigen Staat anerkennen, sondern sich auch anheischig machen, diese Anerkennung vom deutschen Reiche auszuwirken.

A. d. Ü.

Dieser flüchtige Entwurf ist hinreichend, von den Ursachen, den Fortschritten und dem Ausgange der Revoluzion eine richtige Idee zu geben. Ich gehe sogleich zur Schilderung der Constituzion über, die das Resultat der erlangten Unabhängigkeit war.

Gegenwärtige Constituzion der sieben vereinigten Provinzen.

Die Utrechter Unionsakte vom Jahr 1579 ist, wie ich schon weiter oben gesagt habe, das erste Grundgesetz der Constituzion der sieben vereinigten Provinzen. *) Da

*) Sie findet sich in Schmaußens Corpore Iuris Gentium S. 391. und in Du Mont Corps Diplomatique T. V. Pars I. p. 322. Auch in der allgemeinen Geschichte der vereinigten

ſie in einem Zeitpunkte der Unruhe und der Sturme gemacht worden iſt, ſo hat ſie auch das

Niederlande Theil. III. S. 336. Ihr weſentlicher Inhalt iſt dieſer:

I) Die gedachten Provinzen vereinigten ſich durch ein ewiges Bündniß, als wenn ſie nur eine Provinz wären, jedoch ohne Verminderung der beſondern Freiheiten, Vorrechte und wohl-ergebrachten Gewohnheiten einer jeden Landſchaft; deren Erhaltung ſie ſich vielmehr, und

II) einen gemeinſchaftlichen Beiſtand gegen alle Spaniſche und andere feindliche Gewalt, wenn auch nur eine Landſchaft, Stadt oder Glied angreifen würde, verſprachen.

III) Kriegs- Friedens- und Steuerſachen ſollten nur durch allgemeine Einwilligung beſchloſſen werden, in allen andern Geſchäften aber die meiſten Stimmen gelten.

IV) Das Religionsweſen ward einer jeden Landſchaft zu eigner Verfügung überlaſſen.

V) Die unter einzelnen Provinzen entſtandenen Streitigkeiten ſollten von den andern Provinzen, Streitigkeiten zwiſchen den ge-

Gepräge des Augenblicks, worinnen sie ihr
Daseyn erhielt, das heißt, sie ist kein voll-
ständiger Inbegriff, kein Ganzes, das seine

sammten Provinzen aber von den zeitigen
Stattbaltern entschieden werden.

VI) Die vereinigten Landschaften sollten,
auf Ausschreiben derjenigen, die dazu bevollmächtiget seyn würden, zu Utrecht erscheinen,
um daselbst über ihre Angelegenheiten Rath zu
halten, und die Abwesenden die Schlüsse der
Versammlung zu befolgen verbunden seyn.

VII) Die Auslegung der dunkeln Stellen
des Bündnisses ward den gesammten Bunds-
genossen, und im Falle sie nicht einig werden
könnten, den Statthaltern überlassen.

Das wichtigste Werk über das Holländische
Staatsrecht ist des S. H. von Istinga
Staats - Regt der Vereenigte Nederlanden.
Leuwarden 1758. fol. Alle Gesetze und Ver-
ordnungen enthält das Groot Placaatboek,
das mit seinen Continuationen bis 1746. aus
6. Foliobänden besteht.

A. d. U.

verschiedenen Theile genau angäbe. Sie bestimmt hauptsächlich die allgemeine und besondere Unabhängigkeit der Provinzen und ihren wechselseitigen Verein. Demungeachtet haben die vereinigten Provinzen keine andere geschriebene Constituzionsakte. Die Gewohnheiten, das Herkommen und verschiedene Beschlüsse der Generalstaaten bestimmen das Uebrige. Jede der Provinzen hat ausserdem das Recht, ihre innere Regierungsform zu organisiren und einige derselben, z. B. Gröningen, Friesland, die Ommelanden legten wirklich Hand an dieß große Werk. Ich werde also Ew. Durchlaucht den Zustand der Sache, worinnen sie jetzt ist, darstellen, und bemerke nur ein für allemal, daß die jezige Ordnung der Dinge jener berühmten, bereits erwähnten Unionsakte in mehr als Einem Punkte zu nahe getreten ist.

Von

Von den Generalstaaten.

Die Generalstaaten sind ein Kollegium, das aus einer unbestimmten Anzahl von Bevollmächtigten besteht, welche die besonderen Staaten der sieben souveräinen Provinzen, jeder für sich und unabhängig von dem andern, zur Besorgung des allgemeinen Wohls der Conföderazion erwählen.

Aus dieser Definizion erhellet sattsam, daß die Generalstaaten nicht Souverain sind, sondern daß sie die Souverainität nur im Namen und vermöge Auftrags ihrer Kommittenten ausüben. In der That sind auch die das Kollegium der Generalstaaten ausmachenden Glieder den Provinzen, wovon sie die Bevollmächtigten sind, verantwortlich und sie können die ihnen ertheilte Vollmacht nicht überschreiten. Nur in Fällen der unvermeidlichen Nothwendigkeit dürfen sie es thun. *) Es gab Gelegenheiten, bei welchen insonderheit die statthalterische Parthei den gegenseitigen Grundsatz aufstellen, d. h. die Unterwürfigkeit der sieben Provinzen unter die Generalstaaten behaupten wollte; aber rechtlich kam diese Unterwürfigkeit nie zu Stande, auch streitet sie gegen die bereits beschriebene Art, nach welcher das Kollegium der Generalstaaten organisirt ist. Man wird es auch immer vermeiden, hierüber irgend etwas festzusetzen, und es der Zeit und dem Einflüße der Partheien überlassen, durch Thatsachen der Schaale der Unterwürfigkeit oder der Souverainität das Uebergewicht zu geben.

Das Kollegium der Generalstaaten ist

*) Siehe Grotii Annal. L. V. p. 550.

immerwährend, und hat seinen bestimmten Aufenthalt im Haag. *) Hier war es aber nicht jederzeit, sondern es ist erst seit ungefähr 180 Jahren daselbst. Im Jahr 1593 war es zu Gorkum. Die Staaten von Holland traten ihm endlich einen Strich Landes ab, und bewilligten ihm Rang und und Vorschritt vor ihren eigenen Staaten, ohne daß sie jedoch den Souverainitäts-Rechten entsagten, die ihnen in ihrer Provinz ausschlüßlich zustehen. **)

Es ist keine Zahl für die Bevollmächtigten zur Versammlung der Generalstaa-

---

*) Der Ort der Versammlung ist der Hof von Holland. Die Abgeordneten sitzen in der Ordnung wie die Landschaften auf einander folgen. Sie kommen täglich und außerordentlich auch am Sonntage zusammen.
A. d. U.

**) Siehe Etat des prov. un. par Vegner 247.

ten festgesetzt. Jede Provinz kann deren so viele, als ihr beliebt, abordnen, nur muß sie die Kosten dazu alleine bestreiten. *) Inzwischen mag auch die Zahl der Deputirten Einer Provinz noch so groß seyn, so haben sie doch nur Eine Stimme, so daß in der Versammlung der Generalstaaten nur sieben Stimmen nach den sieben Provinzen gezählt werden.

Der Ritterstand einer jeden Provinz, worinnen der Adel einen für sich bestehenden Körper ausmacht, erkennt aus seiner Mitte Einen Bevollmächtigten, die

---

*) Geldern schickt 19. Holland 12, oder 13. Seeland 7. Utrecht 3. Friesland 7. Oberyßel 5. Gröningen 6, welche zusammen 57 oder 58 ausmachen. Gemeiniglich sind deren zwischen 45 und 50, weil gewöhnlich einige fehlen.

A. d. U.

übrigen werden von den Städten deputirt, Die Seeländschen Deputirten bekleiden allein ihre Würde lebenslänglich, sie sind jedoch nichts destoweniger verantwortlich und können wegen Pflichtvergessenheit u. s. w. ihrer Stelle entsetzt werden. Holland bevollmächtiget seine Abgeordnete auf drey, andere Provinzen die ihrigen, auf sechs Jahre.

Die Präsidentenstelle wechselt in den Generalstaaten ab. Alle Woche präsidirt ein Deputirter einer andern Provinz, daher er von der Dauer dieser Stelle Wochenpräsident genennt wird. Diese Abwechslung geschieht nach dem Range der Provinzen. *)

*) Der Wechsel geschieht in der Nacht vom Sonntage zum Montage um 12. Uhr.
A. d. U.

Geldern ist die erste, Holland und Westfriesland die zweite, Seeland die dritte, Obernßel die vierte, Utrecht die fünfte, Friesland die sechste, und Gröpingen die siebente.

Der Rathspensionär von Holland hat in der Staatenversammlung seinen Sitz und ist allein, vermöge seines Amtes, allezeit Deputirter dieser Provinz. Er begleitet zugleich die Würde eines Staatssiegelbewahrers und thut im Namen der Provinz Holland alle das Intereße der Konföderation betreffende Vorträge. Da der Staat, den er repräsentirt, zu den öffentlichen Lasten im Verhältniße von 64. pr. C. beiträgt, *) so läßt sich denken, daß er auf

---

*) Nach einem 1616. gemachten Anschlage bezahlt zu jedem hundert Gulden

die Berathschlagungen einen grossen Einfluß haben muß, und wirklich hat er ihn auch. Die auswärtigen Minister haben immer nur mit ihm zu thun, und seine Stelle ist nicht die leichteste und oft kritisch, denn er kommt immer zwischen den Statthalter und den Staaten in die Klemme. Der Rathspensionär von Holland (denn die übrigen Staaten haben ebenfalls ihre Rathspensionärs, die aber ihre respective Provinzen nicht verlassen), ist es nur sechs Jahre

Geldern	5	Guld.	11	Stüv.	2 Pfen.
Holland	57	—	14	—	8 —
Seeland	9	—	1	—	10 —
Utrecht	5	—	13	—	5 —
Friesland	11	—	10	—	8 —
Oberyßel	3	—	10	—	8 —
Gröningen	5	—	19	—	10 —
Drenthe	—	—	19	—	10 —
	100	—	—	—	— —

A. d. U.

lang, gewöhnlich läßt man ihn aber lebenslänglich bei seiner Stelle.

In den gewöhnlichen Angelegenheiten gilt
zur Abfassung eines Beschlußes die Stimmenmehrheit. In wichtigen Dingen ist
nach der Unionsakte die Einstimmigkeit hiezu erforderlich, indessen geht man von dieser Vorschrift, deren Vollziehung beinahe mo-
ralisch unmöglich ist, fast immer ab. Man
begnügt sich mit der Stimmenmehrheit und
läßt den Andersstimmenden die Freiheit,
wenn sie es für gut finden, dagegen zu pro-
testiren.

Der Greffier und der Rathspensionär von
Holland sind die einzigen zwei Minister, die
vermöge ihrer Stellen das Recht haben, in
der Versamlung der Staaten ihren Sitz zu
nehmen. Dieses Recht kommt den Statt-

halter nicht zu. Er kann aber dahin kommen, um die Vorschläge zu thun, die er dem öffentlichen Wohl für zuträglich hält. Hiezu ist er vermöge der erhabenen Würden, die Er bekleidet, berechtiget. So wie Er aber seine Meinung entweder mündlich oder schriftlich abgegeben hat, entfernt er sich wieder, denn er hat keine berathschlagende Stimme und sein Platz unterscheidet sich nicht in der Staatenversammlung. Er ist nur Statthalter einer jeden Provinz, nicht der ganzen Konföderazion. Ersteres giebt ihm ein Eintrittsrecht in die Staatenversammlung einer jeden Provinz, nicht aber in die Versammlung der Generalstaaten, wozu er als Statthalter nicht deputirt ist.

Die Generalstaaten haben einen Agenten, der den fremden Ministern die Antworten auf die Memoires und Noten, die sie übergeben müssen, gewöhnlich zu überbringen hat. Die Generalstaaten geben den fremden Ministern, so oft sie es verlangen, Audienz, gewöhnlich wenden sich aber leztere in Fällen, die keines Aufsehens oder keiner Publizität bedürfen, an den Wochenpräsidenten oder an den Greffier, oder an den Rathspensionär.

Die Generalstaaten ernennen die Ambassadeurs, Gesandten, Agenten, Konsuls u. s. w. der Republik bei den fremden Mächten. Sie instruiren sie, und die Depeschen der Lezteren sind, ohne Unterschied, an sie gerichtet. Wer ein öffentliches Amt in der Republik bekleidet, schwört den Generalstaaten den Eid der Treue.

Die Generalstaaten üben im Namen der sieben Provinzen die Hoheitsrechte über die

Eroberungen der Republik, die unter dem Namen der Generalitätslande bekannt sind, aus. Diese Länder sind der Republik unterworfen. Sie schicken daher keine Deputirte zur Versammlung der Generalstaaten, und erhalten von derselben die sie betreffenden Befehle. Zu den Generalitätslanden gehören die Meierei Herzogenbusch, Baronie Breda, Mastricht ꝛc.

Dieß wäre also kürzlich eine Darstellung der Organisazion und Befugnisse der Versammlung der Generalstaaten, die vermöge der ihr von den Staaten übertragenen Vollmacht alle der Republik zustehende Souverainitätshandlungen verrichtet. *)

*) In außerordentlichen Fällen haben die Generalstaaten noch die allgemeine oder große Versammlung der Staaten aller sieben Provinzen über sich, dergleichen

Von gemeinschaftlichen Kollegien der sieben vereinigten Provinzen.

Es befinden sich in Holland 5. Kollegien, denen 5. verschiedene Theile der Staatsverwaltung anvertrauet sind. Sie sind den Generalstaaten an die Hand gegeben, jedoch denenselben untergeordnet.

Der Staatsrath.

Das erste dieser Kollegien ist der Staatsrath. Es besteht aus 12. Mit-

1651. und 1715. waren. Die Versammlung der Generalstaaten ruhet, so lang die große, die aus mehr denn 300. Personen bestehet, dauert. Die Beschlüsse der Letzteren gelten als Grundgesetze, aber sie kann ohne Einwilligung der besonderen Staaten keine machen.

A. d. U.

gliedern *), einem Greffier und einem Schatzmeister. **) Der Statthalter stimmt in diesem Kollegio zuerst. ***) Es beschäftiget sich mit den Kriegs- und Finanzangelegenheiten der Republik.

Die Generalrechnungskammer. ****)

Sie ist das zweite Kollegium und hilft dem Staatsrathe in seinen Geschäften.

*) Hierzu ernennt Geldern 1. Holland 3. Seeland 2. Utrecht 1. Friesland 2. Oberyßel 1. und Gröningen 2.

**) Auch dem Sekretär des Staatsraths. Letztere aber haben kein Stimmrecht, sondern sind nur da, um Erläuterungen zu geben.

***) Die 12. Staatsräthe hingegen haben, wechselsweise, jeder eine Woche lang, den Vorsitz.

****) Sie besteht aus 14. Abgeordneten, wozu jede Landschaft 2. ernennt.

A. d. H.

Sie unterschreibt die Finanzbefehle, die der Staatsrath ergehen läßt. Ohne diese Unterschrift wären sie ungültig.

Außerdem sind auch noch eine Generalitäts-Finanz- *) und Generalitätsmünzkammer **) vorhanden. Ungeachtet sich jede Provinz das Münzrecht vorbehalten hat, so sind sie doch darinnen übereingekommen, daß ihre Geldsorten einerlei Gehalt haben sollen, und daher haben sie in die Einrichtung der, die ganze Konföderazion angehenden, Münzkammer gewilligt.

*) Ihr Personale sind 4. von den Generalstaaten ernannte Commis und 1. Schreiber.

**) Hat 3. Räthe, einen Generalmünzwardein und einen Sekretär, die sämtlich von den Generalstaaten ernannt werden.

A. d. Ueb.

Von den Admiralitätskammern.

Alle Seewesengeschäfte der Republik werden von 5 verschiedenen Kollegien, die den Titel Admiralitätskammern führen, besorgt. Sie sind wechselsweise von einander unabhängig und den General- so wie den besondern Staaten, worinnen sie sich befinden, untergeordnet. Die 3 vorzüglichsten sind zu Amsterdam, Rotterdam und Fließingen. *)

Vom Statthalter.

Die Lage der Statthalter ist häufigen

---

*) Die übrigen 3. Admiralitätskammern, befinden sich zu Mittelburg, zu Horn, oder zu Enkhuizen (nämlich von 3. zu 3. Monathen an dem erstern und letztern Orte) und zu Harlingen. Der Admiralitätsräthe sind zusammen 54.

Abwechslungen unterworfen gewesen. Man
muß darüber die Geschichte von Holland
nachlesen. Der tragische Tod der de Witts,
welcher eine Folge des Einfalls Ludwigs
XIV. im Jahr 1672. in Holland war, *)
erhob ihr Ansehn wieder, das durch jene
fast ganz vernichtet war.

Nach neuen Unfällen erhohlte sich ihre
Macht im Jahre 1748 aufs neue, und be-
vestigte sich auf dauerhaftern Grundpfeilern,
auf denen sie sich mit allen errungenen Privilegien vom Jahr 1748 bis 1776 erhielt,
wo Frankreichs Intriguen der demokrati-
schen Parthei die Hand bothen. Der Plan
des Herrn von Vergennes gieng dahin, die
auf

---

*) Der Rathspensionär Johann de Witt, setzte
im Jahr 1654 das sogenannte ewige Edikt
durch, wodurch die Statthalterschaft auf immer abgeschaft wurde.

auf die Seite von England hängende Macht des Statthalters zu zerstören und die Republik an Frankreichs Interesse zu knüpfen. Es gelang ihm auch wirklich Holland — ungeachtet des Statthalters und seines Anhangs — in den Krieg gegen England zu verwickeln und den 10. Novbr. 1785. einen Allianztraktat mit den vereinigten Provinzen zu schließen. Dieß entschiedene Uebergewicht behielten Frankreich und die republikanische Parthei bis zum Jahre 1787. in Holland, da die Preußen, unter dem Vorwande, die der Prinzeßin von Oranien zu Schoonhoven zugefügte Beleidigung zu rächen, auf das Gebieth der Republik rückten. Letztere, von Frankreich verlassen, und von dem Rheingrafen von Salm verrathen *), that

*) Es ist unläugbar, daß, wenn der Rheingraf von Salm sich bei Utrecht, so wie er es konnte, vertheidigt hätte, der Herzog von

dem Herzoge von Braunschweig keinen Widerstand, und warf sich bald nachher ganz in Englands Arme, vermöge des mit dieser Macht den 25. April 1788. geschlossenen Vertrags.

Diese lezte Revoluzion, wodurch viele Mißvergnügte gemacht wurden, die, unter den Namen Patrioten bekannt, der Regierung bei den neuesten Vorfällen grosse Besorgnisse erweckten,*) hat dem Statthalter rechtlicher weise nur ein einziges Vot-

Braunschweig nie in Holland hätte eindringen können.

*) Der Verfasser dieses Schreibens war, während Dumouriez in Holland einfiel, zu Amsterdam, und hatte Gelegenheit, sich damals selbst zu überzeugen, daß mehr als die Hälfte der Einwohner dieser Stadt patriotisch gesinnt war.

A. d. Ü.

recht *) mehr verschaft. Uebrigens hat sie nur diejenigen Vorrechte bestätigt, die demselben im Jahr 1748 schon zugestanden wurden. Im Grunde ist aber die Macht des Prinzen beinahe unbegränzt geworden,

*) Es bestehet darinnen, daß der Statthalter, welcher bisher die Statthalterwürde nicht von der ganzen Republik, sondern nur von jeder Provinz insbesondere bekleidet hatte, von den sieben Provinzen gemeinschaftlich, so daß sich eine für die andere verbürgte, und alle nur als Eine angesehen werden konnten, zum General-Statthalter ernannt wurde, wobei die Mächte, welche diese Revoluzion im Jahr 1787. bewirkten, die Garantie übernahmen.

Vorher hatte jede Provinz das Recht den Statthalter, für sich, und in so ferne es sein individuelles Verhältniß mit ihr selbst betraf, abzusetzen. Seit 1787. gehört hiezu der einstimmige Entschluß der 7. Provinzen, und die willführliche oder erzwungene Einwilligung der garantirenden Mächte.

A. d. U.

und Englands Unterſtützung, welchem an der Aufrechterhaltung ſeiner Parthei ſehr viel liegt, ſo wie die Furcht vor Preußen, haben ihm allen Einfluß in die Hände geſpielt. Dagegen iſt der Statthalter gewiſſermaſſen wieder von den ihn ſchützenden Mächten abhängig, beſonders von England, deſſen Willkühr er als ein gelehriges Werkzeug dienen muß, und das immer durch offenbare und heimliche Mittel getrachtet hat, das politiſche Anſehen und inſonderheit den Handel der Republik zu Grunde zu richten.

Die Vorrechte des Statthalters ſind von außerordentlichem Umfange. Er iſt erblicher Generalkapitain, Generalgouverneur und Admiral. Er beſetzt alle Bedienungen und Stellen der Munizipalitäten, Tribunale und Kollegien. Bis auf diejenigen, zu welchen die Generalſtaaten ernennen, auf die er doch, wie leicht zu begreifen ist, großen Einfluß hat, ist fast keine Stelle weder bei der Flotte, noch in der Armee, 2c. die nicht von ihm abhienge.

Solche Hülfsquellen verschaffen ihm eine Menge Anhänger, und machen ihn, der Sache nach zum Oberhaupte der höchsten Gewalt, von welcher er, dem Rechte nach, eigentlich nur erster Diener ist. Da die Prinzen von Oranien zugleich große Güter im Gebiethe der Republik besitzen, so haben sie auch in den Staatenversammlungen mehrerer Provinzen Sitz und Stimme. Hiezu kömmt noch, daß das Volk das Haus Oranien liebt. Bei einiger Gewandheit wird immer ein Prinz von Oranien die Republik beherrschen.

Der Umfang der statthalterischen Gewalt läßt sich also weniger bestimmt angeben, als man ihn fühlen und errathen kann, und man vermuthet leicht, daß in der Republik nichts ohne die Einwilligung oder wider den Willen eines solchen Ministers geschieht. Der gegenwärtige Statthalter Wilhelm V. ist seit Wilhelm I. der Reihe nach der Siebente.

Von den Staatenversammlungen der Provinzen.

Jede der sieben Provinzen hat ihre besondere Regierungsform. Sie organisiren ihre innere Staatsverwaltung nach ihrem Gutbefinden und sind darüber weder den andern Provinzen insbesondere noch den, die ganze Republik repräsentirenden Generalstaaten verantwortlich. Bloß solche Angelegenheiten, die die Republik im Ganzen betreffen, lassen sie durch ihre Abgeordnete zur Versammlung der Generalstaaten betreiben.

Fast alle diese Regierungsformen sind ein verschiedenes Gemische von Aristokratie und Demokratie, wobei bald jene, bald diese den überwiegenden Theil ausmacht. Die Constituzion von Holland und Seeland ist (besonders in der Wirklichkeit) mehr aristokratisch als demokratisch, die von Gröningen und Friesland neigt sich mehr zur Demokratie. *)

*) Die Stände von Geldern bestehen aus dem Adel und den Städten. Letztere halten in den Hauptstädten der drey Quartiere Nimwegen, Zutphen und Arnheim jährlich ihre Zusammenkünfte, und in jeder haben 3. Deputirte des Adels Sitz und Stimme; hernach wird wechselsweise in einer dieser Städte ein Landtag

Um Ew. Durchlaucht nicht zu lange aufzuhalten, und Ihnen doch eine

gehalten, wobey der Burggraf von Nimwegen allezeit präsidirt.

Die Staaten von Seeland bestehen aus 7. Stimmen; eine vom Adel und sechs aus den Städten. Der Prinz von Oranien hat als erster Edler eine Stimme, und als Marquis der Städte Verre und Vließingen die Stimmen dieser beyden Städte fast ganz in seiner Gewalt.

Die Staaten von Utrecht bestehen 1) aus 5. adelichen und 4. bürgerlichen Repräsentanten des Bisthums Utrecht; 2) aus den Deputirten der Ritterschaft; und 3) 5. Städten.

Die Staaten von Friesland bestehen in 11. Städten, und den Abgeordneten der 3. Quartiere, Ostergo, Westergo und Zevemvolden. Jede Stadt schickt 2. Mitglieder und von 30. Gerichtsgebieten der 3. Quartiere jede auch 2., nämlich einen Adelichen und einen reichen angesehenen Landmann zur Staatenversammlung, so daß sie aus 82. Mitgliedern besteht.

richtige Idee von diesen speziellen Constituzionen zu geben, will ich zur Ausfüllung des ganzen Gemähldes hier flüchtig die Regierungsform des Staats von Holland, der allein Dreyviertel der Republik aufwiegt, entwerfen, und dann mit einer Skizze der besonderen Verfassung der Stadt Amsterdam, die man als die Seele der 7. Provinzen ansehen kann, schliessen.

Die Staaten von Overyßel bestehen aus dem in 3. Quartiere getheilten Adel und aus 3. Städten. Ersterer hat 109. stimmfähige Mitglieder. Jede Stadt hat nur Eine Stimme.

Die Staaten von Gröningen bestehen aus der Stadt dieses Namens und den Deputirten der Ommelande. Die Stadt hat Eine und die Ommelande, auch nur eine Stimme.

A. v. N.

Besondere Constituzion der Provinz Holland und Westfriesland.

Die Staaten von Holland bestehen aus zweierlei Ständen: dem Ritterstande oder dem Landadel und den Deputirten der Städte, welche als Volksrepräsentanten angesehen werden.

Der Adelstand ist in Holland nicht sehr zahlreich. Der Prinz von Oranien hat in demselben nicht als erblicher Statthalter, Generalkapitain, Admiral, sondern als erster Edelmann der Provinz den Vorrang, denn in jener Hinsicht ist er hier, wie bei den Generalstaaten der Souverainität der Staatenversammlung der Provinz untergeordnet, von welcher er selbst als erster Edelmann ein constituirender Theil ist. Der Adel oder Ritterstand hat seine besondere Berathschlagungen, bei denen die Stimmenmehrheit gilt. Der gefaßte Entschluß wird in der Versammlung selbst nur für Eine Stimme gezählt.

Den zweiten Stand machen die Deputirten von 18. Städten aus. Es waren sonst noch mehrere Städte, aber einige von den kleinsten haben sich zur Ersparung der Abordnungskosten, entschuldiget, daß sie keine Deputirte senden, und sind dadurch das geworden, was die Marktflecken, Dörfer u. s. w. sind, die keine Repräsentanten schicken, sich jedoch nach den Beschlüssen der Staatenversammlung fügen müßen.

Jede Stadt hat in der Versammlung Eine Stimme; die Zahl der Stimmen in der Staatenversammlung von Holland beläuft sich also auf 19. Es mögen noch so viele Deputirte von Einer Stadt geschickt worden seyn, sie haben zusammen nur Eine Stimme.

Der Rathspensionär der Provinz präsidirt in der Staatenversammlung. Ich habe von ihm schon weiter oben gesprochen. Er ist, nach dem Statthalter der erste Staatsbeamte in Holland. In seiner Abwesenheit hat der Repräsentant des Adels den Vorsitz. Der Vorsitz giebt in keinem Falle weder eine gutachtliche noch entscheidende Stimme. Die Deputirten der Staatenversammlung sind, wie die Generalstaaten, ihren Komittenten verantwortlich.

Die Zeit der gewöhnlichen Versammlung der Staaten ist festgesetzt. *) In Kriegs-

*) Jährlich vier mal: im März, Julius, September und November.

Zeiten versammeln sie sich sehr oft. Die Einberufungsschreiben ergehen hiezu von einem Ausschuße der Staaten, der zu dem Ende immer im Haag versammlet ist. *)

Die Deputirten zur Staatenversammlung werden von den Regenten der stimmenden Städte gewählt, die sich wieder selbst rekrutiren. Ihre Wahl ist aber der Genehmigung des Statthalters unterworfen.

Besondere Constituzion der Stadt Amstetdam.

Die Magistratspersonen theilen sich in allen

---

*) Das Kollegium der abgeordneten Räthe besteht aus zwei Abtheilungen, dem Südholländischen von 10. und dem Nordholländischen von 7. Deputirten. Jene kommen im Haag, diese in Hoorn zusammen.

A. d. U.

Städten in 3. Klassen. Die erste besteh: aus einer gewissen Anzahl der Aeltesten, oder der Bürgermeister; die zweite aus den Schöppen und die dritte aus den Räthen. Die Bürgermeister sind die Gouverneues der Stadt. Regierender Bürgermeister wird derjenige genannt, der diese Stelle so eben wirklich verwaltet. Fast überall hängt die Wahl der Bürgermeister, so wie der übrigen Magistratspersonen entweder unmittelbar oder mittelbar vom Statthalter ab. Zu Amsterdam können nur 12 Bürgermeister seyn. Aus diesen werden jährlich vier zu Regierenden erwählt, wovon der Eine immer aus den drey Alleraeltesten genommen wird.

Ausser den Bürgermeistern, die vorzüglich das Kriegswesen und die Abgaben zu besorgen haben, ist noch ein Großbaillif, dem das Polizeydepartement übertragen ist.

Die Zahl der Schöppen, aus welchen die Bürgermeister gewählt werden, ist nicht festgesetzt. Sie wählen ihre Kollegen und von zwey Kandidaten, die sie dem Statthalter vorschlagen, ernennt Letzterer denjenigen, den er zuträglich findet. Die Schöppen beschäftigen sich mit den bürgerlichen und peinlichen Rechtssachen.

Die Räthe, an der Zahl 36, haben die politischen Angelegenheiten, Krieg, Abordnungen 2c. zu ihrem Geschäftskreise. Sie wählen ebenfalls ihre Nachfolger, die jedoch vom Statthalter bestätigt werden müssen. Alle diese Stellen werden, bis auf die Bürgermeisterwürde, lebenslänglich bekleidet.

Dieß sind also die Triebräder der politischen Maschine der vereinigten Niederlande. Die Zusammensetzung und Vielfältigkeit derselben wirkt große Misbräuche und bringt den Staat in die Gefahr eines langsamen oder leidigen Geschäftsganges, und wirklich hat man in der Republik kaum einen nahmhaften Entschluß gefaßt, der nicht von einem besondern oder allgemeinen Unstern begleitet gewesen wäre. Dieß ist nun einmal das Schicksal der Republiken, in denen eine größere Anzahl von Leidenschaften immer einen leichtern Spielraum haben und also das Glück der Bürger, das fast immer von ihrer Ruhe unzertrennlich ist, durch leidige Erschütterungen in Gefahr setzen kann.

Doch ich endige hier mein zweites Schreiben. Ew. Durchlaucht werden mir das Langweilige darinnen in Rücksicht der
wesent-

wesentlichen Notizen, die es vielleicht ent=
hält, vergeben. Gerade dieß Schreiben,
das mir am meisten Mühe kostete, wird am
wenigsten das Glück haben, I h n e n zu ge=
fallen. Das trockne Detail, so es in sich
faßt, ist I h r e m Alter und I h r e m ge=
wöhnlichen Ideen so fremd, muß man aber
der Liebe, Kenntnisse zu erwerben, nicht
einige Opfer bringen? Vielleicht sind auch
noch andere Gründe vorhanden, die Ew.
D u r c h l a u c h t die Gefälligkeit, mein
Schreiben zu lesen, zur Pflicht machen.
Personen I h r e s Standes sind so zu sagen,
einer Art von gelehrter Etikette unterworfen,
die wenigstens vor der blos formellen den
Vorzug hat; auch ist so etwas bleibend und
vielleicht finden eines Tags (und dieß wäre
meine süsseste Belohnung) Wesen, die Sie
intereßiren, in diesen Briefen, die das
Verlangen, I h n e n zu gefallen, entwarf

E

einige gedrängte und nützliche Nachrichten über Gegenstände, welche die Aufmerksamkeit der Menschen zu allen Zeiten auf sich zu ziehen, verdienten.

Anhang.

Anhang.

Anmerkung.

Die Quellen, deren ich mich zu den nachstehenden Tabellen bediente, und deren Angaben ich auf den Letzteren durch die einer Jeden hier beigesetzte Römische Zahl, der Kürze halber bezeichnet habe sind folgende:

I. Büschings neue Erdbeschreibung, 4r Theil.
II. Schlözers Staatsanzeigen.
III. Volkmanns neueste Reisen durch die vereinigten Niederlande.
IV. Crome über die Größe und Bevölkerung der sämtl. Europäis. Staaten, 8. Leipz. 85.
V. Das Hamburger politische Journal vom Jahr 1785, das 6ste Stück.
VI. Tozens Einleitung in die allgem. und besondere Europäische Staatskunde.
VII. Das historische Portefeuille v. J. 86. *)

*) Von andern Jahren wußte ich es in dem Kreise meiner hiesigen litterärischen Verbin-

VIII. Randels statistische Uebersicht der vornehmsten deutschen und sämtl. Europ. Staaten.
IX. Hanöverisches Magazin, 787.
X. Crome über die Kulturverhältniße der Europäischen Staaten, 8. Leipz. 792.
XI. Deutsches Museum, 776.
XII. Handschriftl. Nachrichten.

dungen so wenig aufzutreiben, als die Ephemeriden der Menschheit ꝛc. ꝛc.

I. Statis

sieben
Drenth(

| Volk | Wohnungen. |

- - - - tädte (VIII)
        ecken
000 (VII Städte
        lecken (VIII)
000.   Dörfer

000. (VII Städte
         flecken und Dörfer (VIII)

000. (VII Städte
         lecken und Dörfer (VIII)

000. (VII Städte
         lecken und Dörfer (VIII)

- - - Städte (VIII)
      Dörfer

000. (V Städte (VIII)
        Dörfer

,000. (V Städte
        Dörfer und Flecken (VIII

- - - flecken (VIII)
      Dörfer
000. (VII

VIII. Randels statistische Uebersicht der vornehmsten deutschen und sämtl. Europ. Staaten.
IX. Hanöverisches Magazin, 787.
X. Crome über die Kulturverhältniße der Europäischen Staaten, 8. Leipz. 792.
XI. Deutsches Museum, 776.
XII. Handschriftl. Nachrichten.

dungen so wenig aufzutreiben, als die Ephemeriden der Menschheit ꝛc. ꝛc.

I. Statis

	Volk	Wohnungen.
sieben		
Drenth		
		Städte (VIII)
		ecken
000. (VII		Städte (VIII)
000.		Flecken
		Dörfer
000. (VII		Städte
		Flecken und Dörfer (VIII)
000. (VI		Städte
		Flecken und Dörfer (VIII)
000. (VI		Städte
		Flecken und Dörfer (VIII)
		Städte (VIII)
		Dörfer
000. (V		Städte (VIII)
		Dörfer
,000. (V		Städte
		Dörfer und Flecken (VIII
		Flecken (VIII)
		Dörfer
000. (VII		